BEI GRIN MACHT SICH IHR WISSEN BEZAHLT

Lynn Schmökel

Vergleichende Gedichtinterpretation - Gryphius und Eichendorff

"Morgensonett" und "Morgengebet" im Vergleich

GRIN Verlag

Bibliografische Information der Deutschen Nationalbibliothek:

Die Deutsche Bibliothek verzeichnet diese Publikation in der Deutschen National-
bibliografie; detaillierte bibliografische Daten sind im Internet über http://dnb.d-
nb.de/ abrufbar.

Impressum:

Copyright © 2010 GRIN Verlag, Open Publishing GmbH
Druck und Bindung: Books on Demand GmbH, Norderstedt Germany
ISBN: 978-3-640-79648-9

Dieses Buch bei GRIN:

http://www.grin.com/de/e-book/164633/vergleichende-gedichtinterpretation-gry-
phius-und-eichendorff

Lynn Schmökel

Vergleichende Gedichtinterpretation

Das Barock und die Romantik sind zwei Stilepochen, die nicht nur ein beachtlicher zeitlicher Abstand trennt, sondern die sich auch in ihren Kunstauffassungen stark unterscheiden, so steht zum Bespiel das Barock mit seiner poetologischen Forderung nach Formgebundenheit in starker Abgrenzung zur Romantik, die diese auflöst. Trotz der Unterschiede der äußeren Form und der inhaltlichen Struktur gibt es eine Gemeinsamkeit beider Gedichte, die Religiosität. Sowohl Andreas Gryphius „Morgen Sonett" und Joseph von Eichendorffs „Morgengebet" liegt ein starker religiöser Grundgedanke zugrunde, da beide lyrischen Sprecher angesichts des Morgens in Dialog mit Gott treten.

Beginnend mit Gryphius „Morgen Sonett" offenbart sich dem Leser bereits beim alleinigen Lesen der Überschrift ein barocktypisches Merkmal: das Sonett, welches sich durch seine strenge Form, die aus zwei Quartetten und zwei Terzetten besteht, auszeichnet und durchgängig im 6-hebigen Jambus geschrieben ist. Allerdings weicht im vorliegenden Gedicht das Reimschema in den Terzetten etwas vom klassischen Muster ab (ccd/eed). Auffallend sind auch die unreinen Reime (verschlissen-grüßen, küssen-Füssen, umgibt-betrübt), welche nicht typisch für das Sonett sind. An diesem meist sehr strengen Schema lässt sich der zu dieser Zeit weit verbreitete Wunsch nach klarer Struktur und Ordnung erkennen, der auf die Verwüstungen, Zerstörungen und die politischen Unklarheiten des 30 jährigen Krieges zurückzuführen ist. Desweiteren geht aus der Überschrift hervor, dass das Gedicht den Morgen thematisiert, was im Leser eine Vielzahl von Assoziationen hervorruft, beispielsweise der Gedanke an Wiedergeburt, die Unschuld und Unberührtheit des neuen Tages und vieles mehr. Trotz alledem wirkt die Überschrift durch das einfache Nennen zweier Worte ohne davorstehenden Artikel sehr allgemeingültig, als wäre kein bestimmter Morgen sondern der Morgen oder auch der Neuanfang im Allgemeinen gemeint.

Der anbrechende Tag wird mit allen Freuden beschrieben. Der Tag beginnt, die Zeichen der Nacht, Sterne und Mond, verblassen, der Himmel graut, es weht ein leichter Wind und die Vögel machen sich auf den neuen Tag zu begrüßen. Der Tagesanbruch wird auf eine sehr metaphorische Weise beschrieben und durch die Personifizierung der Naturelemente wie z.B. „die Morgenrötte lacht" (V. 2) wird die Eigenständigkeit der Natur deutlich. Das Fehlen von Menschen lässt die Szenerie fast göttlich erscheinen, was auch durch die Verwendung von Allegorien unterstützt wird, nämlich mythologische Figuren die bezeichnend für Dinge stehen (z.B. Diane, die Mondgöttin als Stellvertreterin des Mondes). Die reiche Aufzählung von Naturerscheinungen lassen auf die Signaturenlehre schließen, welche ausschlaggebend in barocker Literatur war. Das Leben als offenes Buch liegt dem „Leser" zur Deutung vor und stellt für den christlichen Menschen den Weg zu Gott als Autor, dessen Sprache die Erscheinungen der Erde sind, dar. Die Natur wird also durch Gott verlebendigt, erhält somit eine Seele und kann dadurch zum Menschen sprechen. Dies erinnert fast an pantheistische Vorstellungen vom göttlichen Prinzip, jedoch sind diese im Barock nicht sehr verbreitet. Die barocken Dichter verwenden einfach mit Vorliebe mythologische Figuren, vermutlich um dem Trandszendenzbewusstsein gerecht zu werden.

Der umarmende Reim unterstützt die Vorstellung vom Einklang der Sonne mit der Welt, da ihre Strahlen die Welt zu umarmen scheinen. Die Gleichmäßigkeit des Präsens und des 6-hebigen Jambus, die sogenannten Alexandriner, welche sich durch das gesamte Gedicht ziehen und die sich in den ersten beiden Quartetten wiederholenden weiblich, männlich, männlich, weiblichen Kadenzen haben eine beruhigende Wirkung auf den Leser und unterstreichen somit den Eindruck vom harmonischen Übergang von der Nacht zum Tag.

Das erste Quartett hat eine antithetische Wirkung auf den Leser. Indem es den Morgen als lachenden, sanften, freundlichen Tagesbegin zeigt, assoziiert der Leser, dass die Nacht unheilvoll, langwierig und leidbringend ist, was sich im späteren Verlauf des Gedichts bestätigt.

Die „ewig-helle Schaar" (V. 1) verbildlicht die Sterne, deren Schein nun langsam verblasst und verdeutlicht, dass die Dunkelheit der Nacht der lachenden Morgenröte weicht („die Morgenrötte lacht" (V. 2)). Die antithetischen Personifikationen „Diane steht erblasst" und „die Morgenröte lacht" lassen erkennen, dass das lyrische Ich den Wechsel von der Nacht zum Tag als einen Triumph des Tages im Spiel der göttlichen Mächte empfindet.

Das Lachen kann einerseits als triumphierende Schadenfreude des Tages gegenüber der Nacht verstanden werden und andererseits lässt es auf die fröhliche und erleichterte Stimmung am Morgen schließen. Das „Federvolck" (V. 4), das metaphorisch für die Vögel steht, macht sich auf den neuen Tag zu begrüßen und weist auf das erwachende Leben hin. Die sinnliche Wahrnehmung des lyrischen Sprechers wird erweitert. Die verblassenden

Zeichen der Nacht konnte es sehen, den „sanfften Wind" (V. 3) fühlen und die zwitschernden Vögel nun hören.

Nun erwacht das Leben auf der Welt, die Sonne bescheint den See und das lyrische Ich bittet die „dreymal höchste Macht" denjenigen zu erleuchten, der sich vor ihr verneigt.
„Das Leben dieser Welt" (V. 5) verbildlicht die Sonne, welche wiederum Gott darstellt und eben dieses Leben „eilt schon die Welt zu küssen". Genau wie die Sonne wirkt auch Gott unerreichbar für den Menschen. Somit wird deutlich, dass es sich um einen liebenden Gott handelt und im Leser wird das Bild der Liebkosung zwischen Göttlichem und Weltlichem erzeugt. Es entsteht der Eindruck, dass das lyrische Ich sich in einem Zustand von zu tiefster Glückseligkeit zu befinden scheint. Die Geste des „Haupt Emporstreckens" als ein Ausdruck von Stolz und Übermächtigkeit und die „Strahlen Pracht" (V. 6) als Verbildlichung der Göttlichkeit und der Schönheit der Sonne, erklären die Bewunderung des lyrischen Ichs. Aus der Sonnenmetaphorik lässt sich die elementare, überlebenswichtig Rolle Gottes ableiten, da die Sonne und ihr Licht die Voraussetzung für das menschliche Leben auf der Welt und somit deren Quelle sind. Allmählich wandert der Blick des lyrischen Ichs vom Himmel hin zum Wasser, durch diese allumfassende Perspektive wird die Allgegenwärtigkeit Gottes verdeutlicht. „Nun blinckern auff der See" (V. 7) wirkt übernatürlich und verzaubernd. Hierbei wird die Signaturlehre auf eine neue Ebene gehoben, da sich die Sonne sprich Gott nun direkt, also für das menschliche Auge sichtbar, in der Natur spiegelt. Es handelt sich um einen unvollständigen Satz, der durch einen Doppelpunkt beendet wird. Die darauf folgende aprostrophe Anrede „O dreymal höchste Macht" (V. 7) weist auf das barocktypische Merkmal des dialogischen Charakters hin. Das lyrische Ich tritt vom stummen Charakter nun in direkten Kontakt mit Gott, was im weiteren Gedichtsverlauf im Gebetsgestus umgesetzt wird. Innertextlich steht das lyrische Ich im Dialog mit sich selbst und außertextlich steht es in einer Art Dialog mit der Welt, was als Aufforderung an den Leser gelten könnte, er solle über die Welt nachdenken. Die „dreymal höchste Macht" stellt die Dreifaltigkeit des Vaters, des Sohnes und des Heiligen Geistes dar, die gemeinsam die göttliche Instanz bilden und lässt daher erkennen, dass das lyrische Ich einen christlichen Gott anbetet. Die Verwendung des Superlativs „höchste" hat eine intensive und eindringliche Wirkung auf den Leser, da es verdeutlicht, dass es nichts Höheres als Gott gibt. Mit der Exklamation „Erleuchte den / der sich itz beugt vor deinen Füssen!"

(V. 8) bittet das lyrische Ich Gott denjenigen, der sich vor ihm verneigt und gewillt ist, nach seinen Geboten zu leben, zu erleuchten. Es hofft also auf Erleuchtung durch eine Demutshaltung vor Gott. Daraus lässt sich schlussfolgern, dass das lyrische an ein Leben nach dem Tod glaubt und daher nach Gottes Wort leben möchte, um nach dem irdischen Dasein zu ihm gelangen zu können. Durch die paralellistische Aufzählung der Bitten an Gott in den beiden Terzetten, empfindet man diese als Erläuterung dessen, was für das lyrische Subjekt zur Erleuchtung gehört.

Hinübergehen zu den zwei Terzetten wird der Bruch sowohl im Inhalt als auch in der Form deutlich, doch erfolgt der eigentliche Bruch bereits im Vers 7, mit der direkten Anrede Gottes. In diesen letzten beiden Zeilen des Quartetts nimmt das Gedicht einen gebetsartigen Charakter an. Es entsteht also ein Bruch zwischen der vorherigen bloßen Beschreibung der Naturphänomene und des plötzlichen gebetsartigen Charakters des Gedichtes. Dieser Wechsel von den Quartetten zu den Terzetten ist typisch für die Vorliebe barocker Dichtung, Spannungsfelder und Kontraste darzustellen. Die Alexandriner und der Präsens bleiben erhalten, doch die Kadenzen und das Reimschema wechseln aufgrund der Veränderung der Verszahl zum unreinen Paarreim und Schweifreim, der sich in der 4.Strophe fortsetzt. Der Reimschemawechsel unterstützt vorrangig den Kontrast der Wirkung der vorangestellten Quartette. Durch die Beschreibung der Höhe und Macht Gottes im Gegensatz zur Unterwürfigkeit des Menschen, entsteht ein Kontrast zwischen dem göttlichen Prinzip und dem Menschen.
Das lyrische Ich wendet sich nun vollkommen Gott zu, fordert ihn auf die Schmerzen und das Leid zu vertreiben und bittet, es in seinem Vertrauen zu bestärken.
Die Aufforderung „Vertreib die dicke Nacht/ die meine Seel umgibt" (V. 9) lassen das lyrische Ich ängstlich, fordernd und suchend erscheinen. „Die dicke Nacht" scheint wie etwas dichtes, erdrückendes, fast wie ein Albtraum, aus dem es kein Erwachen gibt. Sie umschließt das lyrische Ich und nimmt ihm die Luft zum atmen. Hierbei wird erkenntlich wie bereits zu Anfang erwähnt, dass die Nacht, die Zeit der Qual und Schmerzen ist. Die Seele, welche das Wesen des Menschen ausmacht, steht immer dem Wille Gottes unter, sowohl der Last der Nacht als auch der Freude am Tag. Daraus geht hervor, dass die Nacht und somit die Qualen im Leben unabdingbar sind und das lyrische daher Gott um Beistand bittet, um genau diese Qualen durchzustehen. „Die Schmertzen Finsternüß / die Hertz und Geist betrübt" (V. 10)

bestärken die Antithese zwischen Hell und Dunkel. Die Naturmetaphern dienen nun nicht mehr natürliche Vorgänge zu beschreiben, sondern um seelische Zustände zu schildern. Die Ambivalenz zwischen äußerer Freude und innerer Depression und die Zerrissenheit äußerer Welterfahrung und innerer Seelenerfahrung werden deutlich. Mit, „Erquicke mein Gemütt" (V. 11) bittet das lyrische Ich sich lebendig fühlen zu können und bittet um Kraft für das Leben, um jeden Tag voll und ganz nutzen zu können. Darin lässt sich das barocktypische Leitmotiv „Carpe diem" – „Nutze den Tag" erkennen, welches von der ewigen Unbeständigkeit der materiellen Existenz im 30 jährigen Krieges herrührt. Desweiteren bittet das lyrische Ich darum von Gott in seinem Vertrauen in Gott und in das was nach dem Leben kommt bestärkt zu werden. Auf diese Weise werden die menschliche Zugehörigkeit zu Gott und ihr Verlangen nach Erlösung und Sündenbefreiung erkennbar, da das lyrische Ich sein irdisches Dasein allein auf Gott ausrichten möchte, um anschließend in Gottes Himmelsreich gelangen zu können. Es möchte den Tag allein dem Dienst Gottes unterstellen, um am Ende jenes Tages ewig sein Licht beschauen zu können.

Das lyrische strebt nach der Zugehörigkeit zu Gott und bittet „daß ich disen Tag / in deinem Dienst allein / Zubring". Es möchte nach den Geboten Gottes leben, um „am Ende jenes Tages" in Gottes Reich gelangen zu können. „Und wenn mein End und jener Tag bricht ein" (V. 13) weist auf die Unumgänglichkeit des Todes hin und lässt das barocke Leitmotiv „memento mori" – „Gedenke den Tod" erkennen. Zudem steht „jener Tag" für den jüngsten Tag, sprich den Todestag des lyrischen Ichs, an dem es vor Gottes Gericht geführt wird. Mithilfe der Imperative wird der Gebetscharakter unterstrichen, da das lyrische Ich Gott bittet es auf den richtigen Weg zu führen, um am Ende ins Himmelsreich hinüber gehen zu können. Die barocktypische Finalstruktur ist in diesem Gedicht deutlich zu erkennen. In den vorangegangen Strophen wurde die Sonne mit zahlreichen Metaphern umschrieben und nun wird sie direkt genannt: „ Daß ich dich / meine Sonn / mög ewig schauen." (V. 14) Daraus lässt sich schließen, dass alles Menschliche und Weltliche allein auf Gott zurückzuführen ist, da er der Signaturenlehre nach der Autor des Buches der Welt ist und in Bezug zur Sonnenmetaphorik die Erde mit seinen Strahlen vollständig umschließt. Desweiteren wird die Antithetik des Wortes „ewig" deutlich, da selbst das Licht, der „ewig-hellen Schaar" langsam verlischt und nur Gott weiterhin währt, da das lyrische Ich sein „Licht mög ewig schaun". Daraus folgt, dass einzig und allein Gott es verdient mit dem Prädikat der Ewigkeit versehen zu werden. Durch das dreifache Nennen des lyrischen Ichs in direkter Verbindung zu Gott gewinnt das letzte Terzett auch einen formelhaften Charakter, in dem das lyrische Ich Gott zu beschwören versucht. Außerdem taucht es hier sehr gehäuft auf, sodass die Hoffnung auf den Schöpfer und dessen Nähe unverkennbar ist.

Interessant scheint bei der Betrachtung des Sonetts als Ganzes und besonders der verschiedenen Antithesen, die ans Faustische Prinzip erinnernden Momente im Gedicht, die, wenn man das vom romantischen Dichter Joseph von Eichendorff verfasste Gedicht „Morgengebet" zum Vergleich heranzieht, nochmals ganz besonders hervortreten.
Die Antithetik von Tag und Nacht, Helligkeit und Dunkelheit, Leben und Tod, Freuden und Leid und die am Anfang des Gedichts entstehende harmonische Wirkung des „Spiels der Götter", all dies erscheint wie ein natürliches Zusammenspiel der gegensätzlichen Mächte. In Goethes „Faust" stellen der Herr und Mephisto diese Antithetik dar, ohne die jedoch kein Leben im Sinne des Herrn möglich wäre. Auch der negative Teil, im Faust ist es Mephisto, im „Morgen Sonnet" ist es die die Nacht, als Teil des natürlichen Kreislaufes gehört zum natürlichen Zusammenspiel dazu und ist unumgänglich. „Die Welt mit ihrem Gram und Glücke" (V. 9) aus dem „Morgengebet", lässt erkennen, dass der lyrischen Sprecher zu der Erkenntnis gelangt, dass das Glück Hand in Hand mit dem Unglück geht. Sowohl im ersten als auch im zweiten Gedicht sehen die lyrischen Sprecher die Welt als Ort des Zusammenspiels von Gut und Böse. Das bedeutet, dass sie beide davon ausgehen, dass der Mensch, Leid ertragen und Fehler begehen muss, um daraus lernen und um daran wachsen zu können. In beiden Gedichten bedeutet die Entwicklung für das lyrische Ich, nach der Nähe zu Gott und der Ewigkeit im seinem Himmelsreich zu streben. Das strebende lyrische Ich wird daher im „Morgengebet" als „Pilger", das heißt als ewig wandelnder auf dem Weg des Herrn, dargestellt. Interessant hierbei sind aber die verschiedenen Gottesauffassungen der beiden lyrischen Sprecher. Um diese genauer erläutern zu können, muss zunächst auf das Kunstverständnis der Romantik eingegangen werden. Die Kunst galt als Ausrichtung auf das Unendliche, die Ewigkeit, und als Verbindung alles Gegensätzlichen. Mit der Personifikation „Und buhlt mein Lied" (V. 13) aus dem „Morgengebet" wird die Eigenständigkeit der Kunst und die Metonymie der Musik deutlich. Die Kunst ist der allgemeine Ausdruck des Wesens der Welt und somit ist auch ein jeder ein Künstler. „Schläft ein Lied in allen Dingen" aus der „Wünschelrute" von Joseph von Eichendorff, besagt, dass die Kunst etwas Wesenhaftes ist, das nicht durch den Künstler geschaffen, sondern von ihm geweckt wird, dadurch erhält der

Künstler eine Art Erlöserfunktion. Daraus folgt, dass die Kunst alle Wege symbolisiert, sich im Leben auszudrücken und besonders vor Gott zu zeigen, wer man ist. Demnach kann die gottgewidmete Kunst mit einem Gott gewidmeten Leben gleichgesetzt werden. Im „Morgengebet" geht das lyrische Ich sogar noch einen Schritt weiter, da es das Leben lediglich als Präludium auf dem Weg zu Gott und der damit verbunden Erkenntnis beschreibt.

Das lyrische Ich im „Morgengebet" fordert Gott auf sein „Saitenspiel" zu zerschlagen, sollte sich sein Lied der Eitelkeit im Leben hingebe. Stellt man den „Sold der Eitelkeit" und die „Weltgunst" nun gleich mit den Verführungsmomenten im Leben, so folgt, dass sich das lyrische Ich seiner Schwächen bewusst und daher auf die Hilfe Gottes angewiesen ist. Genau wie im „Morgengebet" sieht sich auch der lyrische Sprecher im „Morgen Sonett" als schwächeres Subjekt, dass von Gott auf den richtigen Weg geführt werden soll, jedoch anders als im „Morgengebet" erbittet es keine Strafe. So erscheint die Gottesauffassung im Sonett die des gütigen, liebenden Gottes und die im zweiten Gedicht des strafenden, richtenden Gottes zu sein. Hierbei muss jedoch beachtet werden, dass das lyrische Ich im Sonett lediglich für diejenigen um Erleuchtung bittet, die sich vor Füßen des Herrn verbeugen, diejenigen also die nach Gottes Geboten leben und nicht vom rechten Weg abgekommen sind. Dagegen lässt sich im „Morgengebet" eine andere Qualität der Gnade vorfinden, da das lyrische Ich von Gott bestraft werden möchte, sollte es vom rechten Weg abkommen. Um die Strafe jedoch genau verstehen zu können, muss zunächst näher auf die schon bereits am Anfang des Gedichts thematisierte Stille eingegangen werden.

Am Morgen herrscht ein „wunderbares, tiefes Schweigen" (V. 1), das nicht vollkommen geräuschlos ist, sondern aus puren kleinen Geräuschen der Natur besteht und somit auf das göttliche Wirken darin schließen lässt. Daher ist das Schweigen symboltragend für die innere Nähe zu Gott. Das Adjektiv „tief" ruft die Assoziation an ein tiefes, ruhiges Gewässer hervor, das von vollkommener Seelenruhe erfüllt ist. Im Kontrast dazu steht das am Ende beschriebene, durch Strafe herbeigeführte „schauernd(e) Schweigen" (V. 15–16). Jedoch wird auch hier die Nähe zu Gott wieder aufgegriffen, da das lyrische Ich „vor dir" (V. 16) sprich vor dem Herrn schweigen möchte. Es bittet von den irdischen Reizen befreit zu werden, die sein Transzendenzbewusstsein beschmutzen könnten, um sich auf das Wahrhaftige, also Gott, zurück besinnen zu können. Dadurch, dass das Schweigen ewig währen soll, wird die Funktion des Schweigens als Läuterung deutlich. Dem lyrischen Ich steht nun ein ewiges Schweigen vor Gott bevor, in dem es so viel Zeit hat, dass es durch Selbstreflektion zur Erleuchtung gelangen kann. Zudem wird im „Morgengebet" anders als im Sonett durch die verwendeten Imperative, die durch Verkürzungen umgangssprachlich wirkenden Verben und die Apostrophe „Zu dir, Herr" (V. 12) die Distanz zwischen dem lyrischen Ich und Gott verringert und eine gewisse Intimität entsteht, die bereits auf Erden herrscht und im ewigen Schweigen vor dem Herrn vollkommen wird. Das beweist, dass ein strafender Gott nicht unbedingt ein minder gnädiger Gott sein muss. Im Falle des Vergleichs vom „Morgen Sonett" und „Morgengebet" ist er sogar gegenteilig eher der Gnädigere, da er selbst Jene, die sich von den irdischen Reizen vollständig haben hinreißen lassen, zur Erkenntnis führt, indem sie auf ewig vor ihm schweigen und somit die Erfüllung finden.

Sowohl das „Morgengebet" als auch das „Morgen Sonett" erinnern an das christliche „Vater Unser". Beide lyrischen Sprechen bitten darum vom Bösen erlöst und nicht in Versuchung geführt zu werden, da sie beide zu Gott gelangen und in seine Ewigkeit übergehen möchten, „denn dein ist die Kraft und die Herrlichkeit in Ewigkeit". Sie beide sehen sich als Diener Gottes, die dazu bestimmt sind nach Gottes Gebot zu leben und ihr Schaffen ihm zu widmen, um im Leben nach dem Tod mit der Erleuchtung belohnt zu werden.